AF145424

信
心
銘

Xin Xin Ming

Die Inschrift vom Vertrauen in den Geist
von Meister Seng Can

Übersetzt und kommentiert

von Yürgen Oster

Bibliografische Information der Deutschen Nationalbibliothek Die Deutsche Nationalbibliothek verzeichnet diese Publikation in der Deutschen Nationalbibliografie; detaillierte bibliografische Daten sind im Internet über www.dnb.de abrufbar.

Alle Rechte, insbesondere Vervielfältigung jeder Art, fotografisch oder durch elektronische Medien und die Übersetzung in andere Sprachen sind vorbehalten.
All rights reserved.
© 2014 Yürgen Oster

Herstellung und Verlag: BoD - Books on Demand, Norderstedt

ISBN 978 3732 2966 75

Gesetzt in der Optima, chinesische Schriftzeichen FZ LiBian, welche sich an der klassischen Kanzleischrift orientiert.

Vorwort

Das Gedicht Xin Xin Ming gilt als der erste Text der Chan (Zen) Literatur. Es wurde verfasst von Meister Seng Can, dem dritten Patriarchen nach Bodhidharma, chin. Puti Damo, der den Buddhismus aus Indien nach China brachte. Über Seng Cans Herkunft ist nichts bekannt, weder sein Geburtsdatum noch sein bürgerlicher Name. Gestorben ist er 606.

Xin 信 bedeutet Vertrauen, Glaube oder Bekenntnis; das zweite Xin 心 ist das Zeichen für Herz, aber auch Geist im Sinne des Bewusstseins, des Geistigen im Menschen; Ming 銘 ist eine Inschrift, ursprünglich bezogen auf in Stein oder Holz eingeschriebene Texte, woher solch verwegene Übersetzungen wie ‚Meisselschrift‘ oder ‚Einprägungen‘ stammen. Wenn auch der Text tief zu Herzen gehen soll, so betont er auch die Schlichtheit der Lehre.

Es ist alles ganz einfach, sagt der Meister zu Beginn, dann führt er es aus und es werden 146 Zeilen zu je 4 Schriftzeichen. Ähnlich dem Dao De Jing, wurde das Xin Xin Ming unzählige Male übersetzt und kommentiert. Da eine Übersetzung aus dem Chinesischen schon immer eine Interpretation bedeutet, führen zwangsläufig die Kommentare noch weiter vom Original weg. Dennoch habe auch ich mich dazu hinreißen lassen.

Meiner Bearbeitung liegt eine chinesische Textversion zugrunde, in der jeweils 3 Zeilen zu einem Vers vereint wurden. Während der Arbeit bemerkte ich, dass viele andere Übersetzungen nur zwei Zeilen zusammen zogen. Dadurch verändert sich natürlich mitunter der Bezug. Ich habe deshalb meine Bearbeitung zunächst unterbrochen und überprüft, mich dann aber doch von allen Zweifeln befreit und meine Dreizeiler fortgesetzt.

Der Chan-Zweig des Buddhismus ist stark vom Daoismus beeinflusst und geht davon aus, dass der Geist und Buddha eins sind. Es gibt nichts zu vervollkommnen, nur die Tatsachen anzuerkennen. Die häufige Betonung der Einheit, der Versuch Seng Cans, auf logischem Wege in das Paradox der Zweiheit zu führen um sie aufzulösen, soll den Leser wecken. Deshalb habe ich auch, statt von einer abstrakten Zweiheit von Zweifeln geschrieben. Die Natur ist ohne Zweifel und die wahre Natur des Geistes ebenfalls. Dennoch ist der Zweifel eine Eigenschaft.

Die Praxis des Chan ist das Sitzen in Versenkung. Eine Methode, die schon lange im Daoismus praktiziert und bereits von Zhuang Zi erwähnt wurde. Allerdings entstand das wohl wichtigste Werk über das Sitzen von Si Ma Cheng Zhen kurz nach und unter dem Einfluss des Xin Xin Ming. So verstehe auch ich den Text mehr als eine Erweiterung daoistischer Kultur, weswegen ich ihn von buddhistischer Terminologie freigehalten habe.

Ich hoffe, nicht unnötige Verwirrung zu stiften, bitte alle Ungereimtheiten mir und nicht Meister Seng Can anzulasten und dem Xin Xin Ming mit offenem Herzen zu begegnen.

Teneriffa 2014

但　唯　至
莫　嫌　道
憎　揀　無
愛　擇　難

Dao erreichen ist nicht schwer,

nur nicht fassen nach diesem oder jenem,

nur nicht hassen oder lieben.

1

Gleich zu Anfang spuckt es uns Meister Seng Can direkt ins Gesicht: es ist ganz einfach! Hör einfach auf zu unterscheiden, hör einfach auf, zu lieben oder zu hassen, etwas anzunehmen, etwas abzulehnen.

Versteht ihr das, ihr streitsüchtigen Besserwisser, die ihr vom erleuchteten Geist lehrt? Ihr haltet ihn schon in Händen oder zwischen den Ohren, nehmt ihn in euer Herz auf und habt Vertrauen.

Da lob ich mir die kleinen Geister, die sich nicht darum scheren und den Tag nehmen, wie er kommt.

Es könnt auch heißen, "auf dem Weg das Nichts zu erreichen sei schwierig". Aber das ist gleich. So zu diskutieren, würde bedeuten, wieder zu unterscheiden und in den Unterscheidungen auszuwählen. Ob er nun dieses oder jenes meint, sollte uns gleichgültig sein.

Er hat ja gerade erst angefangen. Schauen wir mal, wie es weiter geht.

洞然明白

毫釐有差

天地懸隔

Ein tiefes Loch erhellend

doch um Haaresbreit verfehlt

reißt es Himmel und Erde entzwei.

2

Ist das die Erleuchtung, die Seng Can meint, die ihr Licht selbst in eine dunkle Höhle wirft, wenn wir denn Abstand nehmen von Lieben und Hassen, von den inneren Widersprüchen, die uns spalten? Verfehlen wir es auch nur um Haaresbreite, ja selbst den tausendsten Teil eines Haares, so genau nimmt er es, dann ist es nichts mit dem Licht und es gähnt Finsternis, so riesig und weit wie Himmel und Erde voneinander entfernt sind. Es reißt regelrecht Himmel und Erde auseinander, Yin und Yang entfernen sich. Das ist kalter Winter. Wenn sich aber Yang, der Himmel, das Lichte, und Yin, die Erde, die Dunkelheit durchdringen, dann herrscht innerer Frieden. Das Zeichen Tai im Buch der Wandlungen zeigt unten den Himmel und oben die Erde, dann hat das Licht eine Höhle durchdrungen. Das Trigramm Erde besteht aus drei unterbrochenen Linien, der Zwischenraum bildet ein Loch. Im Zeichen Pi stehen die Trigramme umgekehrt. Der Himmel ist oben und die Erde unten. Da mögen wir denken, das sei in Ordnung, dann sei alles an seinem richtigen Platz, aber wir verstehen die Tendenzen nicht. Denn die Bewegung des Himmels geht nach oben und die der Erde nach unten. So treiben sie auseinander. Sie wirken nicht mehr aufeinander und die Energie gerät ins Stocken.

欲　莫　違
得　存　順
現　順　相
前　逆　爭

Im Gegenwärtigen

bleiben keine Gegensätze,

scheiden Widersprüche aus.

3

Durchdringen sich Himmel und Erde, vereinen sich Yin und Yang, dann lösen sich auch die Gegensätze von Vergangenheit und Zukunft auf, dann bleibt nur das Hier und Jetzt. Der eine, fortwährende Augenblick der Gegenwart. Wo soll da noch Raum sein für Opposition. Von einem festen Standpunkt aus lassen sich die vier Himmelsrichtungen bestimmen, gibt es ein Oben und ein Unten. Im grenzenlosen Universum ist alles oben und alles unten, ist alles hinten und alles vorne. Wenn es da nicht noch ein schallendes Gelächter gibt.

是為心病
不識玄旨
徒勞念靜

Das Herz leidet

das Geheimnis nicht erfassend

des Schülers Mühe der Gedanken Ruhe.

4

Hat er es noch nicht gesagt? Nicht fassen dieses oder jenes. Lässt sich mit Mühe die Ruhe der Gedanken erreichen? Nein. Kann das leidende Herz, der Sitz des menschlichen Geistes, das Geheime erfassen? Nein. Das Herz muss frei sein von Wünschen und Wollen, der Geist muss sich aller Mühen entledigen. Nur so geht's.

Dennoch; ist nicht der tiefe Wunsch vorhanden, die Tiefe zu erreichen, ist nicht ständige Mühe, unablässige Übung vorhanden, um alle Barrieren zu überwinden, dann wird sich auch kein Erfolg einstellen. Ach wenn es doch einfacher wäre.

Richtet sich das Augenmerk auf den Schmerz, so sehen wir den Schmerz, richtet sich das Augenmerk auf das Leiden, so erleben wir das Leiden, richtet sich das Augenmerk auf die Stille, so erleben wir die Stille. Die Stille ist der Hintergrund des Leidens.

圓同太虛

無欠無餘

良由取捨

In der grenzenlosen Leere

bleibt nur das Nichts.

Grund genug, dabei zu bleiben.

5

Zhuang Zi sagt uns: "Hinter der grenzenlosen Leere gibt es nur die grenzenlose Leere." Da bleibt nichts mehr übrig von entweder - oder, ja oder nein. Selbst Yin und Yang sind noch nicht entstanden.

Das ist die wahre Natur des Geistes.
Wenn es nichts mehr gibt, für das man sich entscheiden müsste, warum soll man sich nicht dafür entscheiden. Weder - noch?

所以不如

莫逐有緣

勿住空忍

Besser nicht im Ich verharren,

nicht verweilen

bei der Suche nach Leerheit.

6

Man glaubt vielleicht, das Ich sei etwas, an dem es nichts zu rütteln gibt. Dabei ist es nur der Glaube an einige Erinnerungen. Der Glaube an deinen Pass. Keine Zelle ist noch da vom siebenjährigen Kind. Alles ändert sich ständig, unaufhörlich. Altes vergeht und Neues kommt. Aber dein Ich soll beständig sein? Darüber muss man doch lachen. Wer kann das schon ernsthaft glauben.

Das Ich als eine Konstante ist eine Illusion, wie der Glaube an die Leere. Wenn es kein Ich gibt, was soll dann in die Leere eingehen. Substanz und Nicht-Substanz, Form und Formloses gehören beide in die Welt der Erscheinungen. Das Dao aber, von dem hier die Rede ist, ist jenseits davon. Das ist nicht leicht zu verstehen, denn wir verweilen noch bei den Begriffen. Deshalb heißt es: verlangen und begreifen wollen führt uns nicht weiter.

一種平懷

泯然自盡

止動歸止

Wahrst du die Ruhe,

schwindet das Erschöpfende.

Halte dich daran ohne Blick zurück.

7

Diese eine Ruhe ist in der Mitte der Mitte, du brauchst sie nicht suchen, denn sie ist schon da. Wie man sagt: "In der Mitte steht das Rad still" Nichts rührt sich, kein Windhauch. Dazu braucht man nur zu sitzen. Es kommt von ganz alleine, absolut mühelos. Will man das trübe Wasser klären, muss man nur abwarten, bis sich der Schlamm von selbst setzt. Wer mit Ungeduld darin rührt, wird nie die Klarheit erfahren.

Unser ganzes Hetzen und Jagen erschöpft die Lebenskraft und führt geradewegs zum Sterben. Darum solltest du dich an die Ruhe halten und keinen Gedanken verschwenden an dieses und jenes, an Wünschen und Wollen.

止更彌動

唯滯兩邊

寧知一種

Nur im vollständigen Wandel

ist der Zwiespalt zu bannen,

der Frieden des Einen zu pflanzen.

8

Sich umwandeln und den Dualismus aufgeben. Das sagt sich so leicht. Wir erfahren die Welt, die Dinge und Ereignisse, weil sie sich von etwas anderem abheben. Die Schrift hebt sich vor ihrem Hintergrund ab, ich unterscheide mich von allem anderen. Wenn wir diesen Dualismus aufgeben, dann wird alles Eins, das ganze Universum verschmilzt zu einer Einheit. Wo nur noch das große Eine ist, da ist auch absolute Leere. Wo die absolute Leere ist, da ist die Ruhe und der Frieden des Einzigartigen.

Warum also halten wir daran fest, warum lassen wir nicht los? Weil festhalten und loslassen auch dem Dualismus angehören. Festhalten ist sowenig falsch, wie Loslassen richtig wäre.

一種不通
兩處失功
遣有沒有

Das Eine unverständlich,

das Geteilte gescheitert.

Ist das ein Ergebnis ?

9

Das Eine, die große Einheit, die nichts anderes mehr aufweist, erweist sich als unverständlich. Das Eine verweigert sich dem Geist, der es nicht fassen kann. Es entbehrt jeder Logik. Das Eine ist das Eine, weil es auch das Andere gibt. So denken wir und können nicht anders. Aber mit der Dualität kommen wir auch nicht weiter. Sie hält das Rad am Laufen, treibt den Kreislauf an. Dieses oder Jenes. Richtig oder Falsch. Das hört nie auf. Also sind wir, wie es scheint, mit unseren Betrachtungen auch nicht weitergekommen. Bisher können wir kein befriedigendes Ergebnis vorlegen. Erbärmlich. Wir hocken auf unseren Kissen, atmen ein und atmen aus. Soll das der Weg sein?

從空背空
多言多慮
轉不相應

Aus der Leere wiederkehren,

viele Worte, große Wirren,

erfassen nicht, passen nicht.

10

Wenn es dir gelingt, die große Leere zu erfahren und du kehrst zurück, bist wieder einer von uns in der dualen Wirklichkeit, dann wirst du deine Mühe haben, es in Worte zu fassen. Der Transfer wird nicht gelingen.

Warum macht der Alte denn hier soviel Worte darum, wenn er es doch weiß. Er kennt das Problem des Widerspruchs, ist ihm nicht fremd, ist ihm bewusst. Trotzdem reißt er sein Maul auf und redet auf uns ein. Freunde ich sage euch, das wird so ewig weitergehen. Er wird im Kreis laufen und nicht von der Stelle kommen. Wir können nur hoffen, dass er ein hübsches Lied dabei singt.

絕言絕慮
無處不通
歸根得旨

Vergesst die Worte, vergesst die Zweifel.

Nirgends etwas, das nicht passt.

Zurück zum Ursprung wird zum Ziel.

11

Jedes Wort hat sein Widerwort, wer soll erkennen können, was richtig ist oder falsch. Wir können endlos diskutieren und uns in Argumente versteigen. Dann winden wir uns hin und her, suchen den Weg, obwohl er vor den Augen liegt. In unseren Herzen können wir die Wirklichkeit klar erkennen. Da gibt es kein dafür oder dagegen. Alles fügt sich.

Wenn man sich verlaufen hat, sollte man den Weg zurück finden. Im Labyrinth der Wörter lässt sich leicht verirren. Aber erinnern wir uns des Anfangs:

Nur nicht fassen nach diesem oder jenem…

隨照失宗

須臾返照

勝卻前空

Folge dem Schein, verliere das Ziel.

Einen Moment tritt zurück vom Schein,

verzichte auf Erfolg, erreiche die Leere.

12

Jeder findet in dieser Welt etwas, das wertvoll erscheint, Objekte, Dinge, Menschen, Ideale, irgend etwas ist für jeden dabei. Dem, was uns wertvoll erscheint, laufen wir das ganze Leben hinterher, dem dienen wir mit unserem Streben, dem widmen wir Arbeit, Aufmerksamkeit, unser Leben. Einem anderen mag das völlig schnuppe sein. Wir sind bereit, darum und dafür zu streiten, bestehen auf der Wichtigkeit, versuchen andere davon zu überzeugen. Aber wie das Wort schon sagt, es erscheint uns als wichtig, als bedeutsam. Es scheint und wir deuten. In Wirklichkeit ist das alles leer. Solange wir dem Schein folgen, solange sehen wir nicht das Ziel der Meditation.

Unsere Meditation soll uns zurücktreten lassen, Abstand nehmen lassen von der Bedeutung des Objekts der Begierde. Selbst die Meditation muss frei sein vom Streben nach Erfolg. Gelingt uns das für nur einen Augenblick, dann erkennen wir die wahre Natur der Dinge und die wahre Natur des Geistes. Dann stehen wir plötzlich vor der Leere, die in ihrer Natur leer ist.

Leere in der Leere.

前空轉變

皆由妄見

不用求真

Vor der Leere kehrt gemacht,

zurück im Reich der Täuschungen.

Dort nicht nach der Wahrheit suchen.

13

Kannst du dich in deiner Meditation nicht fallen lassen in die Leere, hältst du an irgend etwas noch fest, von dem du glaubst es nicht aufgeben zu können, dann heißt das kehrtmachen.

Machst du kehrt, wendest du dich ab von der Leere, dann bleibst du im Reich der Täuschungen, des Scheins. Wir wissen, wir haben schon oft genug gehört und erfahren, dass der Schein trügt, dass er seiner Natur nach leer ist, aber wir glauben uns dort sicherer aufgehoben. Wir vertrauen ihm mehr, als der wahren Natur des Seins, der wahren Natur des Geistes. Das alles, was wir haben und zu sein glauben, ist Erworbenes, Angehäuftes. Es macht uns nicht leicht, unser Leben wird mit jedem Teil, an welches wir uns hängen, schwerer.

Darum soll das Qi des Herzen frei fließen in alle Richtungen. Nicht an etwas sein Herz hängen, was doch nur Illusion ist; weniger real als eine Seifenblase.

Im Reich der Täuschungen macht es keinen Sinn, nach der Wahrheit zu suchen. Das braucht man wohl nicht näher erläutern.

唯　二　愼
須　見　勿
息　不　追
見　住　尋

Nur den Atem betrachten,

bei den beiden Ansichten

nicht verweilen, nicht verfolgen.

14

Solange wir die Leere nicht akzeptieren können, solange wir nicht in der offenen Geisteshaltung des
absoluten Anfängers leben können, wäre es verge-
bens, sich auf die Suche zu machen nach der Wahrheit. Ganz gleich welcher, denn wir würden verschiedene finden können.

Der Meister rät, auf den Atem zu achten. Wir atmen
ein, wir atmen aus. Ist das eine wahrer als das andere? Ist es richtig, einzuatmen oder ist es richtig, aus-
zuatmen. Der Dualismus findet kein Ende und keine
Auflösung. Ein rollendes Rad bewegt sich gleichzeitig
nach oben und nach unten. Darin steckt kein Widerspruch.

In der Betrachtung sollen wir nicht verweilen und wir
sollen ihr nicht folgen. Dao heißt Weg. Es gibt Wege
die sich verzweigen und solche, die ins Leere laufen.
Wege mit klar definierter Richtung werden als "Dao"
bezeichnet. So folgen die Gestirne einem inneren
Gesetz welches Tian Dao (天道) "Gesetz des Himmels" genannt wird. Später wurde es übertragen zum
Gesetz oder Prinzip der Natur.

Dao ist Dao, darin gibt es keine Zweifel.

纔有是非
紛然失心
二由一有

Vertrauen auf richtig und falsch,

verwirrt das Herz.

Verbunden sind beide im Einen.

15

Bewerten und urteilen, das eine bevorzugen, das andere ablehnen, sich darin zurecht finden, das ist nicht einfach. Für jedes "Für" gibt es ein "Wider". Hast du dich innerlich durchgerungen zu einem Urteil, beziehst Position, findest du außen sicher einen Gegenpart. Wie soll da das Herz, der Geist, zur Ruhe finden. Ein ständiges Hin und Her beherrscht die Welt, nimmt uns gefangen. Wer kann schon sagen, was richtig ist, wer kann sagen, was falsch ist.

Darum macht uns der Meister darauf aufmerksam, dass der Dualismus, die Zwei und damit die Zweifel, in der Einheit begründet sind. Es ist das große Eine, welches die Zwei enthält, welches die Zwei hervorbringt.

Wir haben das jetzt schon mehrfach gehört, aber man muss es sich wahrhaftig deutlich vor Augen führen, muss es ganz in sein Inneres aufnehmen, um in ruhiger Meditation sitzen zu können.

萬　一　一
法　心　亦
無　不　莫
咎　生　守

Das Eine auch nicht schützt,

wer nicht von ganzem Herzen lebt,

dem die zahllosen Lehren
nicht ohne Fehler sind.

16

Du kannst dich hundertmal darauf rausreden, alles sei eins, alles im ganzen Universum stehe miteinander in Verbindung, du kannst hundert Mal das große Ganze beschwören. Es nützt dir alles nichts, wenn du nicht von ganzem Herzen lebst, wenn es nicht tief in dich eingedrungen ist.

Lippenbekenntnisse bringen dir nicht den ersehnten Frieden. Die innere Ruhe des großen Einen findest du tief in deinem Herzen, im wahren Grund deines Selbst. Du brauchst nicht nach außen zu schauen, brauchst keine Bestätigung zu finden in deinen Forschungslabors, den großen Geräten, mit denen du das Universum beobachtest oder in den Mikrokosmos eintauchst. Wozu eigentlich? Welche Frage steht hinter diesem ganzen Aufwand, die du nicht in deinem Herzen beantworten könntest.

Der Kosmos ist vollständig und alles in ihm ist an seinem Platz, alles ist in Ordnung und nichts ist falsch. Nur in deinem Denken kannst du die Einheit trennen und die Konzepte von Richtig und Falsch errichten. Doch auch das ist Teil des Kosmos.

無咎無法
不生不心
骸隨境滅

Keine Fehler, keine Lehre,

kein Leben, kein Wesen,

dem zufolge Grenzenlosigkeit.

17

Zunächst hat uns Meister Seng Can gesagt, es sei ganz einfach, man müsse nur das dualistische Denken aufgeben. Dann hat er sich darüber ausgelassen wie schwierig das nun sei und in welche Fallen man treten kann bei dem Versuch. Ja, selbst sich an dem Einen zu halten, aus dem die Zwei hervorgehen, auch das hat er letztlich verworfen. Von ganzem Herzen sollen wir leben und erkennen, dass alles im Universum seine Ordnung hat.

Nun sagt er uns, wenn alles seine Ordnung hat, wenn es keinen Makel gibt, dann gibt es auch keine Lehre.

Gäbe es nicht die Ansicht, die Welt sei unvollkommen, dann gäbe es auch nicht die zahllosen Wege. Gäbe es kein Leben, dann gäbe es auch keinen Geist. Das ist sehr konsequent gedacht. Alle Fragen, die auftauchen mögen, sollten uns nicht ablenken von der Meditation. Sie sind nur der Schaum auf den Wellen, die auf den Strand zutreiben.

Aber was bleibt, wenn da kein Geist ist, kein Leben? Dann gibt es auch keine Grenzen mehr. Wenn der Geist es ist, der die Grenzen schafft, dann sind da auch keine Grenzen.

舡	境	境
由	由	逐
境	舡	舡
舡	境	沈

Begrenztheit erkennen bedarf der Ruhe,

Begrenztheit anerkennen bedarf der Begrenztheit,

Bedarftheit anerkennen begrenzt Bedarftheit.

18

Hier hat sich der Meister ein hübsches Wortspiel erlaubt. Kaum zu übersetzen ohne weit auszuholen.

In der deutschen buddhistischen Terminologie finden wir häufig das Wort "Bedingtheit", wofür ich hier "Begrenztheit" gewählt habe. Ich kann nur in den Grenzen meines eigenen Verstehens reden, in den Grenzen meiner Sprache und in den Grenzen meines Lebens. Wir leben in diesen Grenzen, aber glauben, jegliche Freiheit zu haben. Natürlich denken wir nicht wirklich an unbegrenzte Freiheit, wir machen uns nur nicht bewusst, wie unfrei wir sind, wie begrenzt. Der Alltag lässt uns keine Zeit, sich solchen Überlegungen hinzugeben. Dazu braucht man einen Moment des Innehaltens.

Wenn wir verstehen, wie begrenzt wir sind, unser Dasein, unser Leben, unser Denken, dann schwindet unsere Überheblichkeit. Deshalb heißt es: Begrenztheit erkennen bedarf der Ruhe.

Erkennen wir an, wie bedürftig wir sind, wie wenig wir tatsächlich wissen und können, wird das Verlangen, jene Grenzen zu sprengen, begrenzt.

Das wiederum schafft Ruhe.

欲知兩段
元是一空
一空同兩

Die beiden Aspekte verstehen:

zuerst ist die Eine Leere.

Das Eine, die Leere,

gemeinsam sind zwei.

19

Die beiden Aspekte, Yang und Yin, Objekt und Subjekt, die wir voneinander trennen. Jenes, das wir innerhalb und außerhalb der Begrenztheit sehen. Wir sehen es und wir akzeptieren es, das ist unser Leben. Weil wir trennen und nicht fähig sind, die Einheit zu sehen, erleben wir Leiden und Lust, Verlangen und Abscheu. Dieses wollen wir, jenes lehnen wir ab.

Zuerst, bevor die Welt in Erscheinung tritt, ehe wir es sehen und erleben, ehe wir mit unseren Zweifeln darüber herfallen können, zuerst, ist alles, wovon die Rede ist, alles, was der Fall ist, wie Wittgenstein es ausdrückt, alles ist Eins. Eine Einheit, ein großes, unendliches, grenzenloses Ganzes. Es ist das reine Sein, nichtseiend, formlos, vollkommen leer.

Gleichzeitig, völlig ungetrennt, ist es das seiende Sein, die Erscheinung der Welt, uns, die wir teilhaben, unbarmherzig in die Teilung stürzend, Grenzen ziehend, Subjekt und Objekt trennend.

Im Ganzen gibt es den Tod nicht und nicht das Leben, keine Fragen. In der Auflösung von Einheit und Leere entstehen und vergehen die zehntausend Wesen. Wo die Zwei auftaucht, da ist der Wandel aufgetaucht. Leere zu Fülle, Einheit zu Vielfalt.

齊含萬像

不見精麁

寧有偏黨

Die zehntausend Dinge umfassend,

ist es weder fein noch grob.

Warum sich auf eine Seite schlagen?

20

Wieder, oder noch immer und immer wieder, das Eine, nur das Eine. Nicht unterscheiden und nicht Partei nehmen. Sehen wir das Eine, das Ganze, das Allumfassende, in dem alles enthalten ist, natürlich, wie kann man da eines verwerfen und ein anderes wählen. Aber wir lieben schöne Dinge und verabscheuen Hässliches. Relative Begriffe. Es gibt nicht das objektiv Schöne, nicht das Gute, nicht das Wertvolle. Wir unterscheiden und entscheiden, legen fest, jeder für sich. Die Dinge sind die Dinge, die Ereignisse sind die Ereignisse.

Die Erscheinungen des Lebens sind weder falsch noch sind sie richtig. Sie kommen und vergehen, schneller als wir uns für oder gegen sie entscheiden können. Ist es daher falsch, zu beurteilen? Könnten wir das sagen, wäre es schon wieder ein Urteil.

Darum sagte Meister Feng Giafu: "Urteile nicht! Aber wenn du urteilst, dann urteile."

大道體寬
無易無難
小見狐疑

Der große Weg ist breit,

weder leicht noch schwer,

in kleinlicher Betrachtung

wachsen die Zweifel.

21

Der große Weg, das große Dao, ist breit, hat für alle Platz. Schon Lao Zi hat uns Ähnliches gesagt. Aber die Menschen lieben es, auf Umwegen und Abwegen zu wandeln. Sie lieben die Schwierigkeiten in ihrem Leben, denn warum sonst gehen sie nicht den breiten Weg, folgen sie nicht dem Dao? Weil sie glauben, es besser zu wissen.

Dem Dao folgen erfordert keine besondere Fähigkeit. Nicht, dass es leicht wäre, leichtsinnig, ihm zu folgen. Doch auch nicht schwer. Keine besondere Anstrengung nötig. Lass einfach los, gib deine kleinlichen Abwägungen, dein Zweifel auf. Lass los. lass geschehen. Wie einfach ist es, wenn etwas ganz natürlich geschieht. Wenn du eingreifst, wenn du machst, dann kann es nicht mehr auf natürliche Weise geschehen.
Die Vögel des Himmels, die Lilien auf dem Felde. Das ist die wahre Lehre, es ist die wahre Natur des Seins. Wie kann man daran nur Zweifeln.

轉急轉遲
執之失度
心入邪路

Wer eilen will, kommt nicht voran,

wer halten will, verliert das Maß,

des Herz betritt den heillosen Pfad.

Zur Erinnerung, wir sprechen hier über Meditation. In der Stille der Versenkung gibt es keine Hast, dort ist Ruhe. Für den Anfänger ist es durchaus anders. Der Fuß juckt, der Rücken schmerzt, das Bein schläft ein. Die merkwürdigsten Gedanken kommen in den Kopf. Nein, da ist nichts von Ruhe. Will man diesen Zustand möglichst schnell verlassen, möchte man endlich in die versprochene Ruhe eintreten, dann wird erst recht nichts daraus. Wer völlig angespannt auf seinem Kissen hockt, bei dem wird alles mögliche los sein, alle Dämonen werden tanzen. Affentheater.

Haftet der Geist an etwas, dann findet er auch das nächste. Unermüdlich schaufelt er Bilder und Ideen in dein Herz, bestürmt dich mit den wildesten Spekulationen und Versuchungen.

Wir kennen in der chinesischen Medizin die Krankheit verursachenden Kräfte. Diese sind klimatische Einflüsse oder von außen kommende Gifte. Aber das schlimmste sind die Einflüsterungen des Geistes, die Hass und Neid, Widerwillen, Gier oder Ängste hervorbringen. Wenn du dich denen hingibst, dann ist dein Leben verloren. Ganz gleich, ob du dabei auf einem Meditationskissen sitzt oder an einer Bar.

放之自然

體無去住

任性合道

Sich lösen, Selbst vertrauen.

Das Wesen weder geht noch bleibt,

die eigene Natur dem Dao folgt.

23

Was ist das Selbst, das Ich, das Wesen, die eigene Natur? Wir hantieren mit diesen Begriffen, ohne eine verlässliche Landkarte unseres Inneren vorliegen zu haben. Sind es nur verschiedene Begriffe für ein und dasselbe oder stehen die einzelnen Institutionen in einer wie auch immer gearteten Beziehung: Eine Hierarchie, eine Familie, ein organischer Haufen oder das organisierte Chaos? Darüber gibt es hier keine Antwort, aber einen Weg dahin.

Das Wesen mag die Form verändern, kann sich auf die unterschiedlichsten Weisen offenbaren. Heute bist du glücklich, morgen traurig, heute bildest du dich, morgen träumst du. Was ist dann dein Wesen. Das Wesen hat keine feste Erscheinung. Warum solltest du dann an etwas festhalten, was du für dein Eigen hältst?

Das So-Sein steckt voller Überraschungen.

逍遙絕惱
繫念乖眞
沈惛不好

Ein sorgloses Leben,
ein großes Beben,

Gedanken gebunden,
Wahrheit verborgen.

Alles ist dunkel und unklar.

24

Die ersten beiden Zeichen unseres Verses, Xiao Yao, bedeuten, unbeschwert seinen Weg gehen, sorgenfrei mit festem Vertrauen in Dao. Die Dinge sind, wie sie sind, die Menschen ebenso. Ob du dir darüber Gedanken machst oder nicht. Die Welt ist voller Erscheinungen, von denen du nichts weißt, von den du nichts hörst, die du nie zu Gesicht bekommst.

Über all das wirst du dir auch nie Gedanken machen, wirst nie urteilen oder entscheiden, ob sie richtig oder falsch sind, schön oder hässlich. Sie bekümmern dich nicht.

Bindest du aber deine Gedanken an etwas auf deinem Weg, schlingt sich dein Geist wie eine Liane um das Objekt, um es zu analysieren und zu bewerten. Wenn du beginnst abzuwägen und zu urteilen, dann sind die Erscheinungen und Ereignisse nicht mehr was sie sind, sondern was du aus ihnen machst.

Meine Worte sind meine Worte. Du entscheidest, ob sie wahr sind oder dumm, klar oder trüb. So lange du darüber spekulierst, bleibt die Wahrheit verborgen. So lange dein Geist anhaftet, so lange du versuchst Licht in die Angelegenheit zu bringen, so lange du Klarheit gewinnen willst, so lange ist alles trüb.

不好勞神
何用疎親
欲趣一乘

Nutzlos den Geist zu quälen,

sein Nutzen gering, doch geliebt.

besser fährt man mit dem Einen.

25

Der Geist ist ein gutes Werkzeug. Wir brauchen ihn zum lernen, verstehen, erinnern. Wir schmieden Pläne und hängen Phantasien nach. Alles das kann der Geist. Aber bringt er uns der Wahrheit näher? Vermittelt er uns Einsicht in die Zusammenhänge des Seins?

Wir erforschen die Welt. Wir wissen viel und wir wissen inzwischen, dass es uns nicht weiter gebracht hat. Haben wir Ruhe und Frieden gefunden? In uns selbst, in unseren Familien, unserem Gemeinwesen, in der Welt?

Andererseits erzählen uns Heilige und Mystiker, wir sollen zur inneren Ruhe finden, den Geist, den suchenden, besänftigen, das Urteilen und Bewerten sein lassen.

Meister Seng Can stellt den ruhelosen menschlichen Geist dem Einen gegenüber. Dennoch möchte er nicht, dass wir werten. Da baut er uns eine geschickte Zwickmühle auf.

Treten wir einen Schritt zurück und wandeln wir uns vom Akteur zum Zuschauer, ohne das Agieren zu unterbrechen.

勿惡六塵

六塵不惡

還同正覺

Verachte die sechs Stäube nicht.

Die sechs Stäube nicht verachten,

auch das ist plötzliches Erwachen.

26

Staub, Erde, Dreck, Unreines, das sind die sechs Stäube. Den Geist verunreinigen die sechs Sinne; die fünf Sinnesorgane und die Welt der Gedanken und Ideen.

Was sich uns durch die Sinne mitteilt, das beschäftigt den Geist. Er schaut und lauscht, schmeckt, schnuppert und fühlt. Er genießt oder verabscheut. Es duftet oder stinkt. Was uns mittels der Sinne durch den Kopf geht, veranlasst zur Bewertung. Deshalb möchte sich manch einer, auf dem Weg zur Erleuchtung, seiner Sinne entledigen. Dummkopf.

Auch Lao Zi mahnt die Sinne an:
> *fünf Farben den Blick blenden*
> *fünf Töne das Ohr betören*
> *fünf Würzen den Gaumen trüben*

Was soll das heißen? Die Sinne sind die Sinne. Sie sind da und lassen sich nicht wegleugnen. Hätten wir die Sinne nicht, wüssten wir auch nicht um uns. Wahres Erwachen bedeutet nicht, die Welt zu leugnen, sondern sie anzunehmen, wie sie ist. Oder zumindest, wie sie sich uns darstellt. Deshalb sagt der Meister: verachte nicht die sechs Stäube.

智者無為

愚人自縛

法無異法

Der Weise verweilt,

der Narr beharrt,

das Gesetz bleibt das Gesetz.

27

Der Weise vermeidet Aktionismus, blinden Eifer, greift nicht ein, lässt den Dingen, den Ereignissen ihren Lauf. Er mischt sich nicht ein, das ist sein Verweilen. Woher soll er wissen, was gut ist für die Welt? Kann er das Universum in die Hand nehmen und es verbessern?

Der Narr kreist um sich selbst, um seine Gedanken, seine Überzeugungen, seine Ideen. So muss es sein, so muss es geschehen. Dieses will ich tun, jenes soll aus der Welt. Er betrachtet, er urteilt, bejaht und verneint. Nichts ist in seinen Augen, was es ist. Alles ist nur so, wie er es sieht. Er hält sich für das Maß aller Dinge. Er ist es, der die Geschicke der Welt regeln muss, der handelt, sich einmischt, die Dinge in die Hand nimmt, anpacken und verändern will.

Und? Wollen wir jetzt hingehen und sagen, wer es richtig macht? Das Gesetz ist das gleiche. Es macht keinen Unterschied. Das Gesetz, das Höchste, Taiji, steht über den Unterscheidungen.

Warum gilt dann der Weise als Weise und der Narr als Narr? Weil der Weise auf seine Art glücklich ist, der Narr aber leidet.

妄自愛著

將心用心

豈非大錯

In eingebildeter Liebe

das Herz mit dem Herzen suchen,

Wäre der größte Fehler.

28

Nicht die Liebe zwischen Menschen, sondern die Lehre des Dao ist gemeint. Die Lehre ist die Lehre. Sie bedarf unserer Gefühle nicht. Die Lehre beschreibt das natürliche So-sein. Es ist die Natur aller Dinge, das Universum von Anbeginn bis Ende. In jedem Augenblick. Was du fühlst ist dein Gefühl, was du denkst, sind dein Gedanken. Aber weit davon entfernt, den Geist zu durchdringen. Du glaubst, Dao zu lieben und zu schätzen? Vergiss es. Wie willst du Dao lieben können, wenn du es nicht erfassen kannst. Selbst dein Selbst kannst du nicht erfassen. Selbst dich selbst kannst du nicht lieben. Wie denn das ganze Universum. Das ist nur eingebildete Liebe.

Sei ehrlich, sei aufrichtig. In ruhiger Betrachtung. Du weißt es, wie es jeder weiß. Selbst Narren wissen es.

Im Herzen findet der Geist seinen Sitz. Sowohl der himmlische Geist als auch der menschliche Geist. Wir können mit dem Herz nicht nach dem Herz suchen. Wir können nicht klatschen mit einer Hand. Sich hin zu setzen mit der Liebe zum Dao im Herzen, das wäre nur eitel. Es wäre der größte Fehler überhaupt.

迷生寂亂
悟無好惡
一切二邊

Blinder Eifer leidet
einsam und verzweifelt;

wahres Erwachen wehrt
Ablehnung und Zuneigung.

Alles hat zwei Seiten.

29

Sitzen in Versenkung, das ist nichts Besonderes. Es bedeutet einfach nur, zu sitzen und zu atmen. Wer glaub, dabei eine außergewöhnliche Leistung zu vollbringen, ein besserer Mensch zu sein oder zum Buddha zu werden, der wird nicht viele Freunde finden und wird lange auf seinem Kissen hocken, ohne Klarheit.

Erleuchtung ist ein so großes Wort, als wäre man mit einem Schlag allwissend, gottgleich und könne Wunder vollbringen. Darum sage ich wahres Erwachen, es meint nichts weiter, als den Geist zu durchdringen und sein Leben in Ruhe und Frieden zu genießen. Es bedeutet nichts weiter, als frei zu werden von den Zweifeln, dem Dualismus des für und wider. In aufrechter Haltung, weder neigen noch lehnen.

Was sagt unser Meister Seng Can da: Alles hat zwei Seiten, auch das Sitzen in Versenkung, auch das Vertrauen in den Geist.

妄自斟酌

夢幻空華

何勞把捉

Eingebildet zu bedenken

einen Traum, einen flüchtigen Glanz.

Wozu die Mühe, es zu fassen?

Das Leben ein Traum. Die Gedanken Schäume.

Wozu sich mit alle dem abgeben, sich bemühen es zu verstehen. Es ist eingebildete, arrogante Selbsttäuschung.

Es leuchtet kurz ein Licht auf, ein Blitz, ein Gedanke und wir wollen alles verstanden haben.

Schon legen wir die Welt fest, legen sie in die Ketten unseres Glaubens.

得失是非

一時放卻

眼若不眠

Gewinn und Verlust, richtig und falsch,

augenblicklich abgewiesen,

liegt das Auge nicht im Schlaf.

31

Das ist Erwachen, wenn das Auge nicht schläft. Dann hat das Werten ein Ende. Wer Lob und Tadel, Gewinn und Verlust auf die gleiche Weise annehmen kann, dem kann auch der Tod nichts anhaben. Dem ist auch Leben und Sterben gleich. Erleuchtung, Erwachen, Unsterblichkeit sind alles Begriffe für das Eine. Es braucht nur die Klarheit, die Ruhe des Moments, in dem das, was ist, aufleuchtet.

Erinnerungen und Wünsche treten vor unser Auge und trüben es. Wir träumen. Sind nicht im Augenblick, nicht wach, nicht im Leben.

Zuo Wang, sitzen und vergessen, bedeutet keine Abwendung von der Welt, sondern totale Hingabe. Die Wirklichkeit wirken zu lassen, ihr Wirken zulassen.

諸夢自除

心若不异

萬法一如

Die zahllosen Träume verschwinden von selbst.

Wenn das Herz nicht unterscheidet,

sind die zehntausend Wege gleich.

Träume sind Schäume. Sie verschwinden, ehe du sie richtig gesehen hast. Zerplatzen wie Seifenblasen, keinen kannst du halten. Und immer wieder entstehen neue. Einer nach dem anderen. Wie viele Gedanken hast du schon gedacht, ohne sie zu erinnern? Wozu auch, es kommt schon der nächste. Nichts hat weniger Bestand.

Das Leben ist das Leben, es passiert. Du triffst deine Wahl oder du wartest ab. Die letzte Entscheidung liegt nicht bei dir. Wie gut du auch deine Wege planst, gibt es immer noch das Unwägbare. Letztlich ist nicht der Weg entscheidend, sondern die Entscheidung.

萬　兀　一
法　爾　如
齊　忘　體
觀　緣　元

Wie deinen ursprünglichen Körper,

Nackt und ohne Karma,

betrachte die zehntausend Wege gleich.

33

Unsere Körper sind im Prinzip, im ursprünglichen Grunde, gleich. Doch schon im Augenblick der Zeugung entscheiden sich die Unterschiede. Die Gene der Ahnen, die Lebenswege, die zu unserer Existenz führten, geben uns die erste Prägung. Kannst du darüber hinaus zurück gehen, dein Antlitz betrachten, bevor es dein Antlitz wurde?

Alle Wege, alle Methoden, alle Entscheidungen sind im Prinzip wie dein ursprünglicher Körper. Wir sind es, die Bedeutung beimessen. Wir entscheiden, welchen Weg wir einschlagen. Immer und immer wieder. Als liefen wir durch ein endloses Labyrinth, welches in Wirklichkeit nicht existiert.

歸
復
自
然

泯
其
所
以

不
可
方
比

Kehre zurück zur Natürlichkeit.

Lösch aus das Woher,

schließ aus das Wofür.

34

Nimmt man es genau, so verlangt Meister Seng Can sogar ein doppeltes, ein sich wiederholendes Zurück-kehren. Zurück zur Natürlichkeit, zum einfachen So-Sein. Ohne Betrachtungen ohne Vergleiche, ohne Analysen und ohne Dispute.

Unsere Fragen und unsere Antworten geben den Weg vor. Es will immer alles überlegt werden. Es bleibt nichts einfach so, wie es ist. Die Erscheinungen und Ereignisse als das zu nehmen, was sie sind, so zu nehmen, wie sie sind, das heißt, weder nach Ursache noch nach Wirkung zu suchen.

Gewinn und Verlust gleich betrachten. Weder nach dem einen streben noch das andere verachten. Wie der Bauer, dessen Pferd weglief.

止　動　兩
動　止　既
無　無　不
動　止　成

Beende die Bewegung - unbeweglich.

Bewege das Beenden - unendlich.

Beide weder noch.

35

Willst du die Bewegung anhalten, dann gerätst du in die Unbewegtheit. Das Gegenteil passiert dir, wenn du das Anhalten, das Beenden in Bewegung versetzt. Wenn es kein Stopp mehr gibt, dann ist die Bewegung endlos.

Aber der Meister sagt uns: Weder das eine noch das andere. Keine Extreme. In Ruhe verweilen bedeutet nicht den Tod. Leben ist ständig. In Bewegung bleiben, bedeutet nicht Rastlosigkeit. Die Ruhe ist der Hintergrund der Bewegung. Die Leere gibt Raum für die Erscheinungen.

Weder erstarren noch verlieren sind Ziel des Sitzens. Jetzt hier sein.

一何有爾

究竟窮極

不存軌則

Auf diese Weise gibt es nur das Eine.

Schließlich, endlich,

gibt es weder Weg noch Norm.

Jetzt hier sein ist eins sein mit dem Augenblick. So gibt es nur das Eine, weder Vergangenes noch Zukünftiges. Das ist das Geheimnis des Lebens. Nichts Außergewöhnliches, im Gegenteil, es ist ganz gewöhnlich, ganz alltäglich.

Weil es nur das ist, das einfache Eine, gibt es dafür keine Gebrauchsanweisung, gibt es dafür keine besondere Methode, keine Norm. Du musst nichts bestimmtes tun, kannst dich nicht auf den Weg machen und ein Ziel erreichen. Wir zählen nicht die Atemzüge und singen keine Mantras, keine Sutras um im Hier und Jetzt anzukommen, um im Hier und Jetzt zu sein.

Wenn wir Mantras murmeln oder Sutras singen, dann singen wir Mantras und Sutras. Wenn wir atmen, dann atmen wir, wenn wir sitzen, dann sitzen wir. Wenn wir gehen, dann gehen wir. Das ist alles.

啟心平等
所作俱息
狐疑盡淨

Das Herz geöffnet nach allen Seiten,

kannst du aufatmen, ohne Erwartungen,

völlig gereinigt von Zweifeln.

37

Mit offenem, unvoreingenommenem Geist, bist du völlig entspannt. Wo sollten dann auch Zweifel entstehen? Zu einer Seite hin offen und zur anderen verschlossen, ja dann tauchen richtig und falsch auf. Die Abwägungen und Entscheidungen, dann schlägst du einen Weg ein und dann musst du deine Richtung rechtfertigen. Wie willst du dabei jemals zur Ruhe kommen?

正信調直

一切不留

無可記憶

Der Glaube aufrecht ausgerichtet.

Nichts bleibt.

Nichts erinnert.

Was hier als Glaube übersetzt steht, das hat nichts zu tun mit einem religiösen Glauben an einen Gott, einen Schöpfer oder Richter. Es hat auch nichts zu tun mit einem leichtfertigen Glauben, den wir an den Tag legen, wenn wir nicht genau hinschauen.

Gemeint ist ein tiefes Vertrauen in die Natur des Dao, des Lebens, des So-Seins. Ein Vertrauen, welches befreit, nicht bindet. Alle Fesseln fallen ab, nichts bleibt, an dem wir hängen könnten. Nichts bleibt, was an uns hängt.

Ist das Vertrauen fest verwurzelt und aufrecht, ohne zu wanken, ohne zu schwanken, kann uns nichts mehr zurück reißen in die Welt der Täuschungen.

虛明自然
不勞心力
非思量處

Die Leere leuchtet aus sich,
das Herz hetzt nicht,
kein Platz für Gedanken.

Wie kann die Leere leuchten? Weil es ihre Natur ist. Zi Ran bedeutet aus sich selbst. Das ist der Weg des Dao, das ist die Tugend des Dao, das ist das Urvertrauen. Von sich aus. Ohne Anstrengung des Geistes kann sich die leuchtende Stille ausbreiten.

In diesem Raum der Stille finden Gedanken keinen Halt, können sich nicht manifestieren. Wissen und Vorstellungen haben keinen Wert. Sie werden nicht gebraucht.

Wozu also noch weiter reden, wozu etwas erklären, was sich selbst genügt?

識情難測

眞如法界

無他無自

Unergründlich zu erfühlen.

Das Wahre ist in sich geeint,

kennt keinen Anderen, kein Selbst.

40

Wo das Denken aufhört, endet auch das Fühlen, findet keinen Boden, findet keine Worte, fühlt weder gut noch schlecht. Wir wissen von Gefühlen, wenn wir sie benennen. Sind sie ohne Namen, sind sie ohne Wesen.

Dieser Wahrheit steht keine Unwahrheit gegenüber, Sie ist ein in sich geschlossener Kreis. Weil sie nicht von sich selbst weiß, weiß sie auch nicht von einem anderen. Weil es kein Gegenüber gibt, gibt es auch kein Ich.

Das ist die große Vereinigung.

要急相應

唯言不二

不二皆同

Spontan entscheidend

antworte ohne Zweifel.

Ohne Zweifel wird alles gleich.

41

Jemand sagt „Guten Tag" und du antwortest. Du musst nicht überlegen, welche Sprache du sprichst. Das ist spontanes Entscheiden. Es ist frei von Entscheidungen, es ist ohne Zweifel. Wir sind so oft frei und spontan. Darüber denken wir nicht nach.

In dem Einen sind die Zwei ausgeschlossen und gleichermaßen eingeschlossen. Zweifel entstehen, wenn Widerspruch auftritt. Warum ihn nicht dulden, warum nicht hinzu nehmen?

Was immer du aussonderst, macht deine Welt ärmer. Die Wirklichkeit kennt kein ‚entweder - oder' sondern nur ‚sowohl - als auch'.

無不包容

十方智者

皆入此宗

Ausnahmslos vergebend.

Alle Weisen des Weltenrund

nehmen sich dies zum Vorbild.

Im Sinne des ‚sowohl - als auch' hat Dao keine Klagen. Die Erscheinungen und Ereignisse tauchen auf und wieder unter. Nichts ist falsch oder richtig, alles ist das, was es ist.

Dies ist es, auf das die Alten hinweisen. Doch statt zu sehen, schauen die Menschen auf den Finger. Sie sind nicht zufrieden mit dem, was man ihnen zeigt, sondern sie wollen den Zeiger. Sie verwechseln das Offenbarende mit der Offenbarung.

Sie stehen vor der Tür und bewundern die Tür, statt sie zu öffnen und hindurchzugehen. Sie analysieren die Leiter, statt über die Mauer zu steigen. Dem Ertrinkenden ist es gleich, wie der Balken beschaffen ist, an den er sich klammert. Das ist mit ‚ausnahmslos vergebend' gemeint.

宗一無
非念在
促萬不
延年在

Der Weise weder drängt noch zögert.

Das Eine wahren währt eine Ewigkeit,

Nicht-Sein kann nicht sein.

43

Geduldig aber beharrlich bleibt der Meister bei dem Einen. Was bedeutet ihm denn Zeit? Der Schüler mag verzweifeln und aufgeben wollen. Der Meister schickt ihn zurück auf's Kissen. Das ist Güte.

Ein Moment des Erwachens ist eine ganze Ewigkeit, ein Augenblick des Bewusstseins umfasst den gesamten Kosmos.

Alles ist in ihm enthalten. Es gibt nichts, das nicht ist. Darum ist es fraglos, das Eine zu wahren, das Eine hoch zu halten, während man die Zweifel duldet, ohne selbst zu zweifeln.

十方目前
極小同大
妄絕境界

Überall und Jetzt

winzig und riesig

absurd und ausweglos die Grenzen.

44

Wo immer wir gehen, sehen wir es vor unseren Augen, hören wir es in unseren Ohren, spüren wir es in unseren Herzen. Es ist in jedem Augenblick. Es ist da. Wir brauchen es nur annehmen.

Im Großen wie im ganz Kleinen können wir es finden. Dazu brauchen wir keine Instrumente und keine Theorien. Die ganze Welt ist in einem einzigen Augenblick enthalten. Das Große im Kleinen, das All im Atom.

Indem wir messen, schaffen wir Unterschiede. Die Unterschiede schaffen Grenzen. Grenzen erzeugen Teilung und die Teilungen ermöglichen die Zweifel. Teilen oder verbinden, wo ist der Unterschied?

極　不　有
大　見　即
同　邊　是
小　表　無

Das Größte gleicht dem Kleinen,

eine Grenze nicht in Sicht,

aus der Nähe wird's zu Nichts.

45

Auf der Suche nach Dao oder innerer Ruhe und Ausgeglichenheit brauchen wir nicht außen anfangen. Es würde zu nichts führen. Das Universum liegt vor unseren Füßen, es trägt und schützt uns. Weder im Großen noch im Kleinen finden wir ein Ende. Je mehr wir uns ihm nähern, desto geringer wird es.

Wer mit dem Sitzen beginnt, dem wird der Weg endlos erscheinen. Nicht nur, dass es anfangs körperliche Mühe bereitet, längere Zeit ruhig zu sitzen, auch wird dich das Affentheater der Gedanken schier zur Verzweiflung treiben. Aber es ist ja nichts, was nur beim Sitzen passiert. Es passiert ständig, nur nimmst du es nicht wahr. Nicht anders sollst du damit bei der Meditation verfahren.

Je leichter es dir mit der Zeit fällt, desto weniger Bedeutung bekommt es. Letztlich ist es nur Sitzen und Atmen. Sonst nichts.

無即是有

若不如是

必不須守

Nichts gleicht dem Sein.

Was dem nicht gleicht,

braucht kein Geleit.

Das Sein ist etwas unvergleichliches und es gibt nichts, absolut nichts, was dem Sein das Wasser reichen könnte. Sein oder Nicht-Sein ist hier keine Frage. Nicht-Sein ist nur denkbar angesichts des Seins, nur innerhalb des Seins. Wie soll Nicht-Sein möglich sein. Wir brauchen uns darum nicht weiter zu kümmern, wir brauchen uns solche Fragen nicht stellen.

Ein kurzes Aufblitzen nur und alles ist klar vor Augen.

一　一　即
切　即　一
即　一　切
一

但
能
如
是

Das Eine gleicht allem,

Alles gleicht dem Einen.

Nur so kann es sein.

47

Wir können den Dualismus noch ein wenig hin und her drehen, aber wir können nichts neues entdecken. Selbst wenn wir uns noch weiter hinaufschwingen würden im Denken des Denkens der Gedanken, wir würden nur immer wieder das Eine finden. Und damit sollten wir durchaus zufrieden sein.

何慮不畢

信心不二

不二信心

Warum fürchten nicht zu vollenden?

Vertrauen ist ohne Zweifel,

Zweifel ist ohne Vertrauen.

48

Darum gibt es keinen Grund, an der Vollendung zu zweifeln. Wenn es sich heute nicht einstellt, dann morgen oder übermorgen. Was spielt es für eine Rolle. Es ist vorhanden, es muss nur zu Tage treten.

Darum üben wir uns im Sitzen. Es ist ein Warten im Vertrauen auf den Geist. Während wir warten, pflegen wir uns. Nichts ist vergeudet.

Wenn du Vertrauen hast, bist du ohne Zweifel. Es gibt das Eine. Solange du zweifelst, findest du kein Vertrauen. Dann gibt es auch das Eine nicht.

Sehr einfach.

言語道斷
非去來今

Die Rede vom Dao ist genug.

Kein Gehen, kein Kommen, kein Sein.

49

Nun findet auch Meister Seng Can, es sei genug geredet. Irgendwann muss mal Ruhe sein. Nichts, wohin zu gehen sei, nichts woher wir kommen. Dann ist da auch keine Gegenwart.

Kein Sein, kein Nicht-Sein.

Das Ende der Inschrift vom Vertrauen in den Geist.

Edition 3 Säulen

Schriftenreihe zu Praxis und Theorie des daoistischen Wushu, Qigong und der Philosophie.

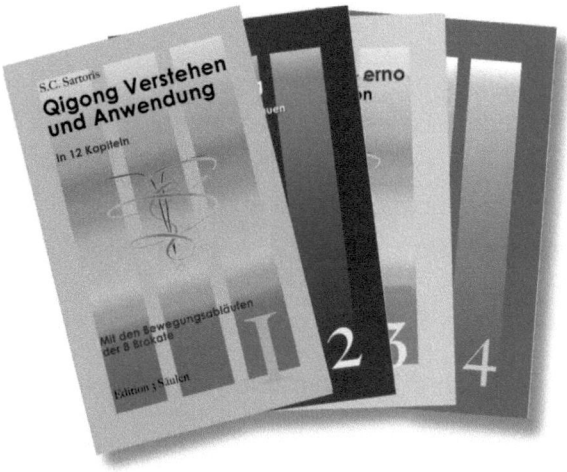

Weitere Informationen auf www.wudang-dao.com

Weitere Bücher von Yürgen Oster:

Tai Ji Quan -
Das Dao der Bewegung

Der Klassiker deutscher Taijiquan Literatur, in überarbeiteter und erweiterter Version.
ISBN 978 3732 2527 32

Zurückkehren zum
Ursprung

Das Qigong der Wudang-Mönche. Ausführlich beschrieben mit dem Hintergrundwissen eines Insiders.
ISBN 978 3211 7563 93

Der zwölfteilige
Brokat
und alles andere

Mehr als Sie bisher über Qigong wissen wollten, Sie aber neugierig macht auf noch mehr.
ISBN 978 3732 2871 85

Pilger Mu von Alex Ignatius